こども おしごと キャラクター図鑑

給料BANK　著
いとうみつる　イラスト

宝島社

いろんなおしごとを知ろう！

みなさんは、お父さん、お母さんがどんな「おしごと」をしているのか知っていますか？　朝起きて、かっこよくスーツを着て出かける大人たちは一日中いったい何をしているのでしょう。

弁護士、警察官、プロ野球選手……、大人の世界にはたくさんの「おしごと」があります。そして、会社に行く人や家で仕事をする人など、たくさんの「働き方」があります。この本では、日本の職業をゲームキャラクターのようにアレンジして、楽しく、わかりやすく紹介していきます。

みなさんが将来、「働くかっこいい大人」になれますように！

この本の見方

この本では、いろいろな職業がキャラクターとなって登場します。職業をイメージした魔法や装備でおしごとのイメージをふくらませて楽しみながら学びましょう！

① **職業名**
② **この職業の能力**（※ファンタジーのお話です）
③ **この職業の装備・紹介**（※ファンタジーのお話です）
④ **この職業の解説**（※現実のお話です）

※各職業の資格情報やデータ、就労条件などは2017年12月現在のものです

もくじ

いろんなおしごとを知ろう! ………… 2
この本の見方 ……………………… 2

第1章 芸能・クリエイティブ系のおしごと

ファッションデザイナー …………… 6
アナウンサー ……………………… 8
声優 ………………………………… 9
アイドル …………………………… 10
ピアニスト ………………………… 11
ダンサー …………………………… 12
女優 ………………………………… 13
YouTuber …………………………… 14
WEBプログラマー ………………… 16
ゲームプランナー ………………… 17
プロゲーマー ……………………… 18
テレビプロデューサー …………… 19
編集者 ……………………………… 20
ライトノベル作家 ………………… 21
漫画家 ……………………………… 22
イラストレーター ………………… 23
アニメーター ……………………… 24

第2章 飲食・サービス系のおしごと

パティシエ ………………………… 26
和菓子職人 ………………………… 28
うどん職人 ………………………… 29
ピザ職人 …………………………… 30
パン屋さん ………………………… 31
ウエイトレス ……………………… 32
栄養士 ……………………………… 33
美容師 ……………………………… 34
ネイリスト ………………………… 36
キャビンアテンダント …………… 37
バスガイド ………………………… 38
花屋さん …………………………… 39
書店員 ……………………………… 40

第3章 教育・公務員系のおしごと

保育士 ……………………………… 42
幼稚園教諭 ………………………… 44
教師 ………………………………… 45

大学教授 …………… 46	公認会計士 …………… 74
研究者 ……………… 48	行政書士 ……………… 75
通訳 ………………… 49	税理士 ………………… 76
消防士 ……………… 50	一級建築士 …………… 77
海上保安官 ………… 51	気象予報士 …………… 78
警察官 ……………… 52	
SP（セキュリティポリス） … 54	
自衛官 ……………… 55	
外交官 ……………… 56	
裁判官 ……………… 57	
検察官 ……………… 58	
図書館司書 ………… 59	
市役所職員 ………… 60	

第5章 スポーツ・その他のおしごと

プロ野球選手 ………… 80	
プロサッカー選手 …… 82	
プロゴルファー ……… 83	
力士 …………………… 84	
プロ棋士 ……………… 86	
パイロット …………… 88	
電車車掌 ……………… 89	
大工 …………………… 90	
コメ農家 ……………… 91	
マグロ漁師 …………… 92	
養豚家 ………………… 93	
ドッグトレーナー …… 94	

第4章 士業・医療系のおしごと

看護師 ……………… 62	
眼科医 ……………… 64	
産婦人科医 ………… 65	
精神科医 …………… 66	
小児科医 …………… 67	
歯科医 ……………… 68	
獣医 ………………… 69	
薬剤師 ……………… 70	
介護福祉士 ………… 71	
弁護士 ……………… 72	

教えるおしごと ……… 47
サラリーマンのおしごと … 85

第1章

芸能・クリエイティブ系の おしごと

ダンサーから漫画家まで。体や頭を使った「表現力」でバトルするのじゃ

服とは人に恥をかかせないための道具
ファッションデザイナー

私自身が流行になるの

能力
獲得できる平均報酬：310000G
まほう： はやがき（思いついたデザインを忘れないために描く瞬描魔法）
　　　　目にやきつける（一度見たデザインを忘れないための観察魔法）

装備

 色鉛筆ソード
思いついた絵を描くための先端が色鉛筆の剣

 トレーシングペーパーの盾
ソードで描いたデザインを記憶する盾

 七色のカラーカード
色の組み合わせを自由自在に操る魔法のカード

紹介

「美しき三銃士」の1人。担当は「FASHION」。全身黒にして身を潜める服製造専門職。「色鉛筆ソード」でつくられたデザイン画が形になると、世界に影響を及ぼすことも。

● ファッションデザイナーのおしごと

ファッションデザイナーの仕事は、注文に合わせた服をつくる「オートクチュール」と、形の決まっている服をつくる「プレタポルテ」に分かれます。アパレルメーカーに就職して、営業、企画などの仕事を経験してからデザイナーのアシスタントとなるほかに、プライベートブランドやファストファッション系のデザイナーになる道などがあります。1年も前から服の企画を始めることもあるので、先の流行を予測するセンスが必要になります。

> 細かな部分にも手は抜かない。神は細部に宿るのです

● どうやったらなれるの？

専門学校や美術大学の服飾系の学科で、縫製やデザイン全般の知識を身につけることがまず必要です。学校を卒業したあとは、ファストファッションなどのアパレルメーカーやデザイン事務所に就職をします。型紙の制作や縫製、生地の種類、染色、刺しゅう、流行の歴史など、服に関するたくさんの知識を身につけなければなりません。

● どこが面白い？　どこが大変？

自分のデザインした服が商品となって、誰かが街で着ているのを見ることができるのは、とても面白いことです。また、ファッションショーで評価されたり、コンテストで賞を取ったりして認められれば、やりがいもあります。はなやかな仕事ではありますが、実際には市場やトレンドを調査したり、未来の予測をしたりなど、地道な作業もたくさんあります。

かわいいだけじゃつとまらない！
アナウンサー

「美しくて頭もいいのよ」

- ●能力／獲得できる平均報酬：560000G
  まほう：クリアボイス（滑舌や発音がパーフェクトな声でニュースを読むことで魔法攻撃力がUP）、空気チェンジ（取り上げるニュースによって場の空気を変える）
- ●装備／時事問題の魔導書（原稿）、隠しピンマイク、時を止める時計
- ●紹介／トップクラスの事象伝達系ジョブ。自分の声や言葉を魔法に変える武器「マイク」を装備している。このマイクには言霊が宿っており、言葉を形にする能力がある。

▶ **アナウンサーのおしごと**／おもにテレビなどのメディアで活躍するテレビ局の社員で、番組の司会進行やニュース番組の原稿読みなどを行います。バラエティ番組へ出演することもあります。テレビ局やラジオ放送局に入社するには、大学や短大を卒業していることが条件になります。アナウンススクールなどで基本的な知識や技術を身につける人が多いです。時間が不規則でハードな仕事なので、体力も必要です。

私の声は天をも轟かす！
声優

ようこそ二次元の世界へ

●能力／ **獲得できる平均報酬**：160000G
　　　まほう：アニマルボイス（動物の鳴き声をホンモノのように再現する）、**キャラ召喚**（アニメキャラを自分の声を通して現世へ召喚する）
●装備／ 新しい台本、ウィスパーマイク、ミント味ののど薬
●紹介／ 自分の声を使って、キャラクターや映像に命を吹きこむ召喚系ジョブの1つ。別名「ボイスサマナー」。歌手やアイドルタレントとして活躍することも。天性と努力で得た独特の声は最強の武器。

▶ **声優のおしごと**／アニメ、映画やドラマの吹き替え、テレビやラジオのナレーション、ゲームのキャラクターの声、電車や駅のアナウンスなど、声を使う仕事をするのが声優です。舞台への出演や朗読、司会、ラジオのパーソナリティーなど、広い範囲で活躍しています。声だけでなく、表現力や演技力も必要になります。声優になるには、声優科のある専門学校や養成所に入るのが一般的です。

ほめられればほめられるほど伸びます！
アイドル

「がんばる私に会いに来て！」

- ●能力／獲得できる平均報酬：650000G
  まほう：一生懸命のダンス（一生懸命さが伝わりファンを虜にするダンスを踊る）、神対応塩対応（ファンに対して最高の笑顔で接したり、ツンと接したりする）
- ●装備／アイドル専用マイク、きらびやかな制服、デコレーションサインペン
- ●紹介／普通の女の子がプロデューサーの魔法によってアイドルに変身する。スキル「笑顔」は架空の恋人と思いこませる錯覚系魔法。「握手」は魂を吸いとるとも、癒やしをあたえるともいわれる最強の武器。

▶ **アイドルのおしごと**／おもに若い人たちを対象に、あこがれの存在として、歌や声優、演劇やタレント業を行う芸能人です。以前は歌手が活動の中心でしたが、今ではモデルやタレント業をやりながら歌を歌うことが多くなっています。アイドルになるには、コンテストやオーディションを受けたり、芸能事務所の養成所に通う方法もあります。また、街でスカウトされてアイドルになる人もいます。

言葉で表現できないから音楽で表現するのです！
ピアニスト

あなたの心を震わせます

- **能力／獲得できる平均報酬**：280000G
  まほう：魅惑の旋律（聞く人すべてを魅惑の世界へ誘うピアノを奏でる）、**超速弾き**（Prestissimoを超えた超高速の速弾きで攻撃する）
- **装備／**ピアノパピルス、古典の楽譜、気丈のドレス
- **紹介／**ピアノの演奏によって、人々の魂を震わせ、感動をあたえる癒やし系ジョブ。スキル「超絶技巧」を手に入れると、「スタンディングオベーション」の効果で観客を総立ちにさせることができる。

▶ **ピアニストのおしごと／**さまざまな場所でピアノを演奏するのが仕事です。一般的にプロのピアニストといわれているのが、クラシックを弾くピアニストです。そのほかにも、ジャズピアニスト、バレエピアニスト、ブライダルピアニスト、伴奏ピアニストなどがあります。共通するのは「どこかでピアノを弾いて人々に感動をあたえる」ことです。ピアニストになるには、音楽大学に入るのが近道です。

踊る! それは体の不自由さから解放される瞬間
ダンサー

「君に感じちゃうよ!」

- ●能力／獲得できる平均報酬：260000G
  まほう：ムーンウォーク（無重力空間にいるような動きになるダンスを踊る）、ヘッドスピン（天地が逆になり頭を軸に回転する高速スピンで攻撃する）
- ●装備／ドレッドヘアーの兜、ポールダンスの槍、スピーカーイヤーガード
- ●紹介／精霊系ジョブ。さまざまな舞いを身につけ踊る。「ジャズ」「レゲエ」「ヒップホップ」「社交」などのジャンルがある。かつては舞うことで神を憑依させたなど、その起源は古代までさかのぼる。

▶ **ダンサーのおしごと**／ダンサーの仕事は「踊ること」です。テレビや映画、コンサート、ミュージカルなどの舞台のほかに、遊園地やダンススクールなど、さまざまな場所でダンサーの仕事があります。ダンスを学んで、どこかの会社にやとわれて踊る人もいれば、コンテストやオーディションで役を取る人もいます。トレーニングや練習を欠かさず、体調を管理して、表現方法やスタイルを学び続けることが大切です。

女優は美意識が命!
女優

才能とは自分自身を信じること

- ●能力／**獲得できる平均報酬**：100000G
  まほう：**よびだす**（イメージした物語の登場人物を瞬時に召喚する）、**あんき**（数日で物語の台本をすべて脳内に叩きこみ、新たな魔法を覚える）
- ●装備／**古びた台本、ジュリエットの服、ジュリエットの靴**
- ●紹介／芸術職。映画や舞台、テレビでいろいろな役をこなす。スキル「魂の召喚」を習得している女優は、すぐにジュリエットなどの登場人物になりきることができる。

▶ **女優のおしごと**／映画やドラマ、舞台に役者として出演することが仕事です。オーディションを受けて役をもらい、台本を渡されたときから仕事はすでに始まっています。自分の役やその物語の流れを読みこみ、この役はどういう役なのかを見きわめて、役づくりをします。普段の生活から、その役になりきるという人もいます。仕事のことを第一に考えて行動していくことが、女優の仕事といえるでしょう。

YouTuber

トークで魅了し人々を笑顔にする

子供でも稼げます

能力

獲得できる平均報酬：**7470000G**

まほう： セルフフォーカス（自分の最高のアングルを引き出して魅力をUPする）
ロングトーク（動画で魅了し人々を笑顔にする）

装備	コンパクトなカメラ どんなときもスクープを撮りのがさない特殊なカメラ	りんごのパソコン たくさんの人に観てもらう動画を編集する大事な道具	おもしろアンテナ 面白いものを見つけるためのアンテナ。発見力がＵＰ

紹介	YouTubeという動画サイトで活躍するタレント。人気ジョブランキングでも上位に君臨しはじめた新世代のジョブの1つ。トップYouTuberになれば、富も名声も得ることができる一攫千金型の職業だ。

▶ YouTuberのおしごと

動画をつくってYouTubeにアップして、それで広告収入を得るのが仕事となります。いろんな動画があり、どんな動画をつくるのも自由ですが、実際には人気があるジャンルで成功しなければならないきびしい世界でもあります。世界中でかなりの数の人がこの仕事だけで生活できるようになってきたのが最近の特徴です。日本ではおよそ8割の人が月に1000円未満の収入で100万円以上を稼ぐ人は数％以下です。広告収入なしで、たんに動画投稿だけをしている人もいます。

人気者になるには、発想と努力が必要なのじゃ

▶ どうやったらなれるの？

保護者の承諾があれば、18歳未満でも収入を得ることができます。最近では「キッズYouTuber」といわれる子供たちの動画もとても人気があります。必要な機材はパソコン、デジタル一眼などのカメラ、字幕をつくるための編集ソフトや加工用のソフトなどです。ＳＮＳやブログを使って宣伝することも、再生数をアップさせることにつながります。

▶ どこが面白い？　どこが大変？

自分の好きな映像を撮って動画をつくり、YouTubeで見た人の反応がもらえるというのは、とても面白いことです。たくさんの人に見てもらうことが収入につながるのも、やりがいがあります。大変なのは、動画の投稿は質よりも数なので、再生数を上げるには毎日投稿しなければならないということです。売れっ子になるのはとても大変なのです。

プログラムは作曲と一緒なのだ！
WEBプログラマー

「プログラミングは芸術だ！」

- ●能力／ **獲得できる平均報酬：340000G**
  まほう：**コードレビュー**（美しいコードをインプットする復習魔法）、**もしも！**（プログラムに必須のif構文を駆使し、複雑なコードが書けるようになる）
- ●装備／ コーディングシールド、イクリプスの兜、イクリプスの鎧
- ●紹介／ WEBサイトのバックエンドを担う重装騎士。サイト防衛やシステム構築を得意とする。WEBデザイナーと協力しながら、指揮官であるシステムエンジニアやWEBディレクターのサポートも行う。

▶ **WEBプログラマーのおしごと／** システムエンジニアが設計した仕様書をもとに、プログラムをつくるのがWEBプログラマーの仕事です。銀行などのオンラインシステムや、管理システム、インターネットショッピングサイトのプログラム、WEBページの作成、アプリの開発など、たくさんの種類の仕事があります。WEBプログラマーになるには、学校や独学でプログラミング言語を習得する必要があります。

ゲームの骨組はすべて私の頭の中にある
ゲームプランナー

どんなゲームがお好みかな？

- ●能力／**獲得できる平均報酬：383000G**
  まほう：カリスマ（仲間と協力して納期を早めることができる）、**ロジカル**（フィールド上で唱えると、論理的に考えることができる）
- ●装備／**ディレクションセイバー、創造の仮面、デバッグシールド**
- ●紹介／不思議な術でゲームを生み出す、別名「ザ・クリエイター」。クールな頭脳をもちながらも、豊かな発想でチームの仲間を導いていく。スキル「カリスマ」を駆使してゲームを世に送り出す。

▶ **ゲームプランナーのおしごと**／ゲームプランナーは、新しくゲームをつくるときに、どんなゲームにするのかを考えて企画を立てるのが仕事です。ゲーム全体のイメージやタイトル、あらすじやキャラクターなどゲームのもとになる部分を考えます。そしてゲーム全体の設計図である「仕様書」をつくります。その仕様書に従って、デザイナーやプログラマーが仕事をします。ゲーム専攻のある専門学校や大学を卒業している人も多いです。

真のゲーマーは負けてこそ心が躍るのだ
プロゲーマー

「ゲームは遊びじゃないぜ」

- ●能力／**獲得できる平均報酬**：375000G
  まほう：背水の陣（負ける寸前で勝利を収める大逆転技）、16連射（いにしえの勇者Ｔ名人が開発した己の指を使う連射技）
- ●装備／コントローラーのブーメラン、ＦＰＳアーマー、敵分析スカウター
- ●紹介／操作系ジョブ。世界戦が多い。ＦＰＳや格闘ゲームで賞金を稼ぐ。「バーチャルバウンティハンター」と呼ばれている。プロの世界のゲームはeSportsと呼ばれ、1日の練習時間は10時間以上ともいわれる。

> ▶ **プロゲーマーのおしごと**／プロゲーマーとは、ゲームをすることでお金を稼ぐ人のことです。ゲーム会社と契約して、スポンサーからギャラをもらってゲームを実演したり、大会に出場して賞金を獲得したり、対戦イベントで報奨金をもらったりしています。平均年齢は20代から30代前半までで、若い人が中心です。本気でプロゲーマーを目指すなら、英語力を身につけて、海外の大会に出る必要があります。

国民全員がアイドルだっていいじゃない
テレビプロデューサー

「テレビの力は偉大なり」

- ●能力／獲得できる平均報酬：830000G
  - まほう：**アイデア**（アイデアの神を降臨させる）、**集団戦法**（ＡＤ、ディレクターと協力し、瞬時に番組をつくり上げてパーティーを楽しませる）
- ●装備／企画魔導書、ピンクのセーターマント、ゴージャスな指輪
- ●紹介／番組制作の企画統括からスポンサー探しなど、テレビ番組の核を担うジョブ。番組すべての責任を負う。テレビを駆使した圧倒的な拡散力から「拡散皇帝」と称される。

▶ **テレビプロデューサーのおしごと**／テレビプロデューサーは、テレビ番組の制作における最高責任者です。企画の立案、制作に必要な資金を出すスポンサーや出演者との交渉、制作スケジュールや予算の管理などを行い、スタッフをまとめます。テレビプロデューサーになるには、テレビ局に就職して、アシスタントディレクターとして経験を積み、ディレクターに昇進します。そして、実力をつけてプロデューサーになります。

最高のものをつくるためには鬼になることもある
編集者

「本は何でも教えてくれるよ」

- **能力／獲得できる平均報酬：390000G**
  まほう：へんさん（書籍の中身をまとめ、読みやすくする）、**きかくかいぎ**（思いついた企画をふるいにかける選定魔法）
- **装備／**編輯の筍、整理術の垂纓冠、編術本
- **紹介／**古代より受け継がれし「編集」スキルをもつジョブ。「編む者」と呼ばれ、舎人親王から始まる古代系職業。はなやかに見えるが努力を要する忍耐系ジョブの1つ。

▶ **編集者のおしごと／**編集者とは、本や雑誌の企画・制作を行うのが仕事です。読者層などから判断して売れるような企画を立てて、取材先やライターに依頼をします。カメラマンやデザイナー、イラストレーター、モデルなどの手配から取材交渉、予算管理、制作進行など、やることはたくさんあります。大学の文学部や文芸学科の出身者が多いですが、マスコミ系専門学校で編集について学ぶ方法もあります。

新しいスタイルの小説を確立したのだ！
ライトノベル作家

「異世界」を唱えよ！

- **能力**／獲得できる平均報酬：5050000G
  まほう：異世界転生（小説内の異世界へ主人公を転生させる）、よみやすい（今風の言葉を使い読みやすくする）
- **装備**／万年筆の槍、異世界の鎧、ラノベ魔導書
- **紹介**／サモン系ジョブの1つ。「ライトノベル」と呼ばれる文学系召喚獣を使い、おもに中高生をターゲットに幻想の世界へいざなう。最近は小説投稿サイト出身の「なろう作家」など新しいジャンルへ派生している。

▶ **ライトノベル作家のおしごと**／ライトノベルは、アニメのように非現実的な、あるいはサブカルチャーの中で生まれたような、新しいスタイルの小説ジャンルです。10代向けの比較的読みやすい文章、親しみやすい架空のストーリーや恋愛などのストーリーが多いです。ライトノベル作家になるには、出版社が主催する新人賞に応募します。毎月1冊は書ける体力とアイデア、そして原稿用紙500枚程度の執筆力が必要です。

何が何でも生きろ！
漫画家

「自分が描かなきゃ誰が描く？」

- ●能力／獲得できる平均報酬：530000G
  まほう：プロット（複雑な設定を分割してわかりやすくする）、ネーム（おおまかなラフで漫画の構想をわかりやすくする）
- ●装備／鉛筆ランチャー、羽根ぼうきのバンダナ、アンチインクエプロン
- ●紹介／サモン系ジョブの1つ。ネームにペン入れをすることで、「異世界」へのトビラを開き、絵とストーリーを混ぜ合わせて「感動」を召喚する。スキル「トーン貼り」は立体感を生み出す魔法。

▶ **漫画家のおしごと**／漫画家は、出版社などから依頼されて作品を執筆し、雑誌掲載時の原稿料や単行本の印税などから収入を得ます。少年漫画、少女漫画、ルポ漫画、4コマ漫画などたくさんのジャンルがあります。また、企業のＰＲ漫画など、広告の仕事もあります。漫画家になるのに必要なのは、面白い漫画を描く実力です。画力・構成力・発想力など、とびぬけた技術とセンスを身につけることが重要です。

大人になっても芸術家でいられますか？
イラストレーター

「イラストは身近な芸術だよ」

- ●能力／獲得できる平均報酬：150000G
  まほう：こうず（イラストのかっこいいポージングをひらめく）、**あつぬり**（重厚感があるイラストを描く必殺魔法）
- ●装備／毛筆の槍、ヘアバンド、イラスト獣
- ●紹介／サモン系ジョブの1つ。オリジナルキャラクターをソーシャルゲームや小説に召喚し人々を魅了する。専用ギルド「pixiv」で、イラストレーターたちは日々スキルを競い合う。

▶ **イラストレーターのおしごと**／イラストレーターは絵を描くのが仕事です。ゲーム業界やアニメ業界などでデザイナーとして働いているイラストレーターも多くいます。雑誌や宣伝ポスター、企業サイトに掲載するイラストなど広報用のイラストを描く仕事もあります。イラストレーターは会社に所属せず、フリーランスで働く人が多いのも特徴です。フリーランスの場合、自分の絵の特徴を理解して、自分で営業をしなければなりません。

平等は悪である！競い合ってこそ本当の進歩が見られるのだ！
アニメーター

絵が動くって楽しい♪

- ●能力／獲得できる平均報酬：220000G
  まほう：集中（ひたすら描くことに集中する）、ふきこむ（召喚したキャラに動きなどをつけ命をふきこむ）
- ●装備／万年筆の杖、文鎮、インク色のローブ
- ●紹介／動く絵を召喚するサモン系ジョブの1つ。別名「アニマンサー」。召喚魔法「ノイタミナ」によって召喚されたアニメ獣は、オタ族たちを寝不足にさせるとか。

▶ アニメーターのおしごと／プロダクション、制作会社などで、作画や動画制作を行う仕事です。映画やテレビのアニメ番組の制作のほかに、現在はインターネット動画も多く制作しています。今は手書きでセルを描くことはほとんどなく、デジタル技術でアニメーションをつくるのが普通です。専門学校や美術大学などでデザインやデッサンなど、専門知識を学ぶとよいでしょう。アニメ制作用のソフトウェアを操作するスキルも必要です。

飲食・サービス系のおしごと

パティシエから
バスガイドまで。
お客さんにサービス
するのじゃ

スイーツという言葉を生んだのはパティシエです
パティシエ

おいしいケーキはいかが？

能力

獲得できる平均報酬：**220000G**

まほう： デコレート（お菓子を宝石のようにきらびやかにする）
　　　　ジャストタイミング（材料を投入する的確な時間を瞬時に把握する）

装備	パレットナイフ ケーキなどにぬるクリームを綺麗に整える「整剣」	スイーツナイトの鎧 カカオでつくられた鎧。スイーツの材料にもなる	ホイップのコック帽子 クリーム素材でできたコック帽子。「きようさ」UP

紹介
ナイツオブクックの1人。小麦粉、卵、砂糖、バターを駆使し、アイテム「洋菓子」を精製する騎士。別名「スイーツナイト」。おいしさと美しさのため、幅広い能力が求められる。称号「シュヴァリエ」はパティシエ界最高峰の勲章。

▶ パティシエのおしごと

ホテルやレストラン、製菓店などで、お菓子の素材選びから調理、デコレーションまでのすべての工程を担当するのがパティシエの仕事です。お菓子をつくるだけではなく、店内の掃除や材料の発注、道具の準備や洗浄をしたり、お菓子を包んで発送したり、お客さんの応対をしたり、仕事はたくさんあります。イベントやクリスマスのときには朝の5時から仕込みを行って、夜おそくまで仕事をすることもあります。基本的に体力も必要な仕事になります。

想像力を働かせて新しいスイーツをつくるのじゃ

▶ どうやったらなれるの？

パティシエになるには2つのコースがあります。1つは、製菓の専門学校に行くコースです。基本的なお菓子づくりの技術や知識を学んで、製菓店やホテルなどに就職します。専門学校によっては、海外の学校で学べるプログラムを組んでいるところもあります。2つめは、学校に行かずに製菓店やレストランで働きながら、経験を積んでいく方法です。

▶ どこが面白い？　どこが大変？

シンプルな材料から、お客さんをわくわくさせるようなおいしくて美しいお菓子をつくるのは、とても面白い仕事です。はなやかで楽しそうに思われるパティシエですが、実際には大変な仕事もたくさんあります。家庭でお菓子をつくるのとは違い、大量のクリームを泡立てたり、生地を混ぜたり、材料を運んだりするので、重労働です。

和菓子こそすべての始まりである
和菓子職人

お茶のおともにおひとつどうぞ

- **能力**／**獲得できる平均報酬：260000G**
  まほう：みたらす（ほどよい甘さのたれを精製するとろみ魔法）、**ねりきる**（素材「あん」を練っていろいろな形に切り作品にする）
- **装備**／菓子木型ハンマー、白装束、つまようじ刀
- **紹介**／日本に昔から伝わる「和菓子」を精製するジョブ。一人前の和菓子職人になるまでには長い修業が必要だ。回復アイテム「あんこ」を原料につくられる「ようかん」は非常食にもなるすぐれもの。

▶ **和菓子職人のおしごと**／和菓子職人は、日本の伝統的なお菓子である「和菓子」をつくるのが仕事です。和菓子にはようかん、まんじゅう、もなか、らくがん、せんべいなど、たくさんの種類があり、つくり方もさまざまです。店によっては早朝から仕事をすることもあります。和菓子職人になるには、製菓専門学校へ通って基本を学ぶ方法と、学校へ行かずに個人経営の和菓子屋に弟子入りする昔ながらの方法があります。

見て覚えろ！ 技は盗め！ それが職人じゃい！
うどん職人

おれのうどんの
コシは最強だぜ

- ●能力／獲得できる平均報酬：200000G
  まほう：つるしこ（つるつるしこしこした食感を生み出す）、**ねりこむ**（うどんを精製する魔法の水を練りこみ弾力性を出す）
- ●装備／うどんウィップ、職人の服、熱血のタオル帽子
- ●紹介／ムチをあやつるようにうどんを打つ職人。別名「うどん使い」。上位職には「うどんマスター」「讃岐うどんマスター」がある。修行期間は1年以上。つるしこの麺をつくるにはいろいろな職人技があるようだ。

▶ **うどん職人のおしごと**／うどん職人は、手打ちうどんを専門につくる職人です。うどんの生地は小麦粉と、水と塩だけでつくられます。季節や気温によって小麦粉の吸水量が変わってくるので、職人の経験とカンで、水の加減を調節しなければなりません。毎日同じ水準で生地をつくる能力がうどん職人には求められます。うどんづくりの名人が経営する店で修業をしたり、讃岐うどんのチェーン店で働いて、経験を積んで職人になります。

ピザ生地とアイデアは熟成させないといいものができない
ピザ職人

アツアツのチーズはボーノ！

- **能力／獲得できる平均報酬**：288000G
  まほう：温度サーチ（最高においしいピザが焼ける石窯の温度を測る）、ハンドトス（ピザ生地をうすーく伸ばす伸縮技）
- **装備／**ピザピールランス、チーズナイトの鎧、イタリアンの兜
- **紹介／**イタリアのシンボル「PIZZA」に特化した料理系ジョブ。チーズの量は世界最高クラス。別名「チーズナイト」。ピザ専用スコップを装備し、灼熱の石窯へピザとともに突入する姿は、まさに「伊達男」。

▶ **ピザ職人のおしごと／**イタリアで生まれた「ピザ」をつくるのがピザ職人です。「ピッツァイオーロ」とも呼ばれます。一般的なピザのつくり方は、ピザクラストと呼ばれる生地の上にトマトソースをぬり、野菜や肉などとチーズをのせて窯で焼き、チーズにこげ目がつけばできあがりです。ピザ職人になるには、イタリアで本場のピザづくりを学んだり、日本のイタリア料理店で修業をしたりする方法があります。

心を開くようにクープを開け!
パン屋さん

「焼きたてパンは幸せの味がする」

- ●能力／獲得できる平均報酬：230000G
  まほう：バタール（最小限の素材で最高のパン生地を精製する魔法）、クープ斬（クープナイフを駆使した割れ目技）
- ●装備／パンナイフの剣、クロワッサンの兜、メロンパンの盾
- ●紹介／西洋の主食の1つ「パン」を製造するジョブ。別名「ブレッドナイト」。スキル「バタール」は小麦粉、パン酵母、塩、水、モルトだけでつくることから、取得するのがむずかしいS級スキルとなっている。

▶ **パン屋さんのおしごと**／パン屋さんの仕事は、パンをつくって販売することです。一般的なパン屋さんでは、生地を仕込んでパンの形を整え、オーブンで焼くことまでを店の中で行います。材料の配分や気温によって生地の発酵の仕方が変わるので、経験と知識が必要です。朝早くから仕込みを始め、昼間はほとんどが立ち仕事となるため、とてもハードです。パン屋さんになるには、独学や製パン学校で学ぶ方法があります。

待ち人よ来たれ！
ウエイトレス

「いらっしゃいませ お客さま」

- ●能力／獲得できる平均報酬：200000G
  まほう：千手観音（たくさんの飲み物やお皿を一気に運ぶ）、おもてなし（最高のおもてなしでお客さんを笑顔にする魅了魔法）
- ●装備／観音ハンド、メイド服、メイド専用銀の盆皿
- ●紹介／注文を取ることを得意とする接客系ジョブの1つ。スキル「ジョッキ持ち」は運搬能力を飛躍的にUPさせる。特殊な「メイド喫茶店員」や「男装女子店員」などにもクラスチェンジが可能。

▶ **ウエイトレスのおしごと**／レストランやホテル、飲食店などで接客サービスを行うスタッフがウエイトレスです。お客さんをテーブルに案内して、メニューの説明をしたり、料理や飲み物の提供をしたり、食器の片付けやフロアの掃除、レジの対応なども行います。お客さんが食事を楽しめるように、心地のよい空間を演出するのもウエイトレスの仕事です。お客さんを覚えて、さりげないサービスを行うこともあります。

最高の献立は胃袋から生まれます！
栄養士

「食」で守る！
あなたの健康を

- ●**能力**／ 獲得できる平均報酬：226000G
  まほう：栄養分析（見た食事すべての栄養バランスを瞬時に分析する）、**こんだて**（食材を使って最高のメニューを作成し、仲間を全回復させる）
- ●**装備**／ 献立魔導書、白いローブ、白い頭巾
- ●**紹介**／ 食事と栄養をつかさどる補助系ジョブ。別名「ヘルシーメイジ」。栄養指導を得意とし、スキル「献立作成」は食育やダイエットに効果を発揮、人々の健康な生活をクリエイトする。

▶ **栄養士のおしごと**／栄養士は、学校や社員食堂などの施設で、おもに健康な人を対象にして栄養指導などを行います。また、食事や栄養についてアドバイスをしたり、食事や給食の献立をつくったり、食材を発注します。病気の人など、より専門的なアドバイスが必要な人には、「管理栄養士」という資格をもっている人が対応します。管理栄養士になるためには、専門学校や大学などの養成機関を卒業してから国家資格を取ります。

髪の毛に俺の魂を注入する!
美容師

君を変身させてあげよう

獲得できる平均報酬	：280000G
まほう：	ストロークカット（髪のボリュームを抑えるカット魔法）
	マイティトリートメント（髪を傷みから防御しながら艶とコシを出す防御系魔法）

装備	シザーソード 巨大なシザーで髪の毛を整える剣。「整剣」の1つ	美しき三銃士の服 美しき三銃士だけが着ることを許された美しい服	すきバサミハンド 髪のボリュームをすくためにつくられた指型のハサミ

紹介
カット系スキルやパーマで美しい髪を精製する。上級職は「カリスマ」と呼ばれ、「ストロークカット」などを習得。最新スキル「ヘッドスパ」は美しさに癒やし補正をかける。

美容師のおしごと

美容師は、カットやカラー、パーマなどの技術を使って、お客さんが希望するヘアスタイルに仕上げるのが仕事です。働く店によって、ネイルやエステなどのメニューがあることもあります。頭の形や髪質は人それぞれ違うので、その人に合ったヘアスタイルに創り上げなければなりません。お客さんと会話をすることも多く、コミュニケーション能力も大切です。流行の髪型や新しい技術、道具、液剤などにもくわしくなければなりません。

髪の毛だけでなく心も軽くするのが真の美容師です

どうやったらなれるの？

美容師になるには厚生労働省指定の美容学校に通い、国家試験の受験資格を得なければなりません。普通課程なら2年、通信課程なら3年間通います。卒業したあとで国家試験を受験します。筆記試験と実技試験があり、春と秋の2回開催されています。合格すれば、美容師の免許が交付されます。美容院に就職して、数年の修業をへて一人前になります。

どこが面白い？　どこが大変？

美容師になっても、初めは毎日の営業が終わってから夜おそくまでカットの練習をしたり、休みの日も講習会へ行ったりして勉強しなければなりません。その分、初めてお客さんの髪を切ったときには、美容師という仕事の面白さを実感できるといいます。自分が考えたヘアスタイルを気に入ってくれたお客さんが笑顔になるのは、とても嬉しいことです。

能ある女性は爪を隠さない
ネイリスト

女子は爪まで美しくなきゃ！

- ●能力／獲得できる平均報酬：220000G
  - まほう：マーブル（マーブルのもようを爪にほどこすデザイン魔法）、ラメ（キラキラのラメを爪にほどこしゴージャスに見せる）
- ●装備／爪ヤスリソード、美しき三銃士の服、ケースバックル
- ●紹介／「美しき三銃士」の1人。担当は「NAIL」。デザイン魔法「ラメ」「フレンチ」「マーブル」「千鳥格子」などを駆使し、爪を芸術品に仕上げる。デザイン魔法とヤスリ技をそなえた赤魔道士的ジョブ。

▶ **ネイリストのおしごと**／ネイリストは、爪のケアやカラーリング、ジェルネイル、つけ爪などのネイルアートをする専門家です。ネイルに関連する商品を販売することもあります。ネイリストになるにはスクールに通うのが一般的で、スクール系列のネイルサロンやエステティックサロン、美容院、ブライダル業界などで働きます。ネイルの技術も必要ですが、お客さんとのコミュニケーション能力も求められます。

キャビンアテンダント

無事に飛ぶおまじないは「アテンションプリーズ！」

> 空の上でパワーを発揮するわ

- ●**能力**／ 獲得できる平均報酬：370000G
  まほう：アテンションプリーズ（飛行機が無事に飛ぶおまじない）、**きないしょく**（長時間搭乗で疲れたひと時を癒やす回復魔法）
- ●**装備**／ マイクウィップ、成層圏の制服、ジェットパック
- ●**紹介**／ 別名「成層圏の天使」。快適な空の旅の提供や保安業務を行い、乗客を全面的にサポートする。呪文「アテンションプリーズ」はキャビンアテンダントだけに許された注目を集めるための花形魔法である。

▶ **キャビンアテンダントのおしごと**／キャビンアテンダントは、飛行機に乗っているお客さんに対して、機内サービスを行ったり、安全に航行できるように保安業務を行ったりします。ドリンクや食事を提供したり、注意事項を説明したり、毛布を配ったり、乗客のさまざまなリクエストに対応します。トラブルにも冷静に対処しなければなりません。キャビンアテンダントになるには、専門学校や大学を卒業していることがのぞましいようです。

右手に見えますのは、あなたの過去そしてこれからの未来でございます
バスガイド

盛り上げ役は私に任せて！

- ●能力／ **獲得できる平均報酬**：250000G
  まほう：スラスラ（名所の特徴をすらすらと案内できる言語魔法）、**とうそつ**（観光客がばらついたり迷わないように統率する技）
- ●装備／ 手のひらマイク、バスガイドの服、バスガイドのブーツ
- ●紹介／ 観光スポットや地域の歴史を紹介する接客系ジョブ。「ツアーガイド」へクラスチェンジも可能。バス内の雰囲気にプラス補正をかける特殊スキル「歌」やバス運転手との連携スキル「時間通り」は見ものである。

▶ **バスガイドのおしごと／** バスガイドは、観光バスや貸切バスに乗車して、観光地の情報を伝えたり、窓から見える景色について案内したり、バスの乗客が楽しく快適に旅ができるようにするのが仕事です。ツアー旅行の時間調整や管理のほか、安全のために運転手をサポートするのもバスガイドの仕事です。バスの中ではほとんど立ちっぱなしで、観光地を歩いて案内することもあるので、体力がなければつとまりません。

>> 情熱や冷静、約束をあらわすなど、人と花の関係は密接なのです

花屋さん

情熱の花を咲かせましょう

- ●能力／獲得できる平均報酬：200000G
  - まほう：**アレンジメント**（花の特徴を生かし美しくみせるビューティー魔法）、**花診断**（花の健康バロメーターを診断する分析魔法）
- ●装備／花のつぼみのカチューシャ、花のつぼみの服、花ばさみ
- ●紹介／精神回復系ジョブ。花を提供し、人々の状態異常を緩和させる。花の手入れもできるため、「フラワードクター」とも。「フラワーデザイナー」のスキルを取得することでレベルUPも可能。

▶ **花屋さんのおしごと**／花屋さんは、花の選別から水あげ、管理、販売を行います。お客さんにおすすめを聞かれてこたえたり、好みや用途に合わせて花を提案したり、フラワーアレンジメントを行います。花の種類ごとの適切な温度や水の量、処理方法を知っておかなければなりません。働きながら仕事を覚える人もいれば、農業学校などで基礎を学んだり、フラワーコーディネートを勉強してから就職する人もいます。

>> 本に恋しても許されますか?
書店員

「本好きにはたまらない仕事ですよ」

- ●能力／**獲得できる平均報酬：210000G**
  まほう：ランキング（おすすめ本のランキングをつくる売上貢献魔法）、**本案内**（瞬時にたずねられた本を見つけるブックハンター魔法）
- ●装備／バーコードリーダーの杖、書店員のエプロン、棚卸獣
- ●紹介／書籍を並べ、販売管理を行うジョブ。独自の観点や知識で書籍を陳列する「書店の要」。魔法「今月の1冊」は書店員の魂が形になった召喚スキルの1つ。ブームをつくり出す「陰の仕掛け人」だ。

▶ **書店員のおしごと**／書店員は、書籍や雑誌を仕入れ、販売するのが仕事です。本の陳列や整理、POP広告の作成、接客対応、レジなど、やることはたくさんあります。雑誌の付録をはさみこむのも書店員の仕事です。店によっては立ち読み防止のカバーをかけたり、ブックカバーを手で折ったりすることもあります。お客さんから質問されることも多いため、新刊や人気作品の情報は常に頭に入れておかなければなりません。

第3章

教育・公務員系の おしごと

保育士から警察官まで。
教えたり守ったり、
陰からみなを
支えるのじゃ

子育ては微笑みから始まります
保育士

優しいだけじゃダメなのよ

能力
獲得できる平均報酬：**200000G**
まほう： トロッコ（子供たちを安全に移動するトロッコを召喚）
ハーメルン（子供たちをスムーズに誘導する操作系技）

装備	ハーメルンのラッパ 子供たちを導く「ハーメルン」のラッパ	抗菌エプロン 子供たちが触っても大丈夫な抗菌作用UPのエプロン	七天使の翼(保育士) 保育園の先生がもつ優しさの翼
紹介	「介護七天使」の1人。子供の保育に関するスペシャリスト。クラスは「保育士」「病児保育士」がある。トロッコを使って子供を運ぶスキル「集団移動」で、周りの人を笑顔にする癒やし系ジョブである。		

▶ 保育士のおしごと

保育士は、仕事や家庭の事情などで子供たちの世話ができない親のかわりに子供をあずかり、身のまわりの世話や遊びなど、保育全般を行うのが仕事です。母親のかわりに子供たちの成長を優しく見守りながら、子供たちの心と体が健康に育つように生活の指導をします。集団生活や地域とのかかわりを通して、子供たちに社会性を身につけさせる役割も担っています。保育士は厚生労働省が管轄している国家資格です。

> 心をよりそわせることを忘れてはならぬ

▶ どうやったらなれるの？

保育士になるには、国家試験に合格しなければなりません。そして短大卒業程度の学歴、または専門学校、短大、大学など、国の指定した保育士養成施設を修了していれば、試験を受けることができます。子供好きであることはもちろんのこと、健康で体力があって、明るい性格の人が向いています。ときにはきびしく接することも大切です。

▶ どこが面白い？　どこが大変？

幼児期は心や体が育つ大切な時期なので、そんな子供たちの世話をする保育士の責任は重大です。日々気を配りながら保育をしなければなりません。大変な仕事ですが、得るものも大きいです。何かを一方的に教えるだけでなく、子供たちからいろいろなことを学び取り、人間的に成長できるのが、保育士という仕事の面白いところです。

» 失敗をほめましょう。すべての成功は失敗から始まるのです

幼稚園教諭

「みんなでお歌を歌いましょう」

- ●能力／獲得できる平均報酬：220000G
  まほう：ぱぺっと（かわいい人形で子供たちを魅了する操作魔法）、ばんそう（オルガンでメロディを奏でて子供たちをワクワクさせる）
- ●装備／フクロウさんハンド、ヤギさんハンド、先生のマント
- ●紹介／「教職」だけでなく「保育」のスキルも必要なジョブ。優しい笑顔で子供たちを見守る女神的存在。「お歌」の詠唱と「お遊戯」の舞いのスキルで子供たちの心をつかむ。

▶ **幼稚園教諭のおしごと**／幼稚園教諭とは、幼稚園の先生のことです。幼稚園は教育の基礎を身につける施設で、3歳、または4歳から小学校入学前までの子供が対象です。幼稚園教諭の仕事は、子供と遊んだり、歌ったり、食事の世話をしたり、あずかり保育をすることです。行事の計画を立てて練習をしたり、衣装や小道具をつくることもあります。短大や大学で必要な科目を修了して幼稚園教諭免許状を取得しなければなれません。

> 「なぜ？」と5回唱えなさい。さすれば根源の問いにたどり着けます

教師

「勉強は必ず将来役に立ちます」

- ●能力／獲得できる平均報酬：370000G
  まほう：ねっけつ（熱い指導で情熱をあふれださせる精神魔法）、ほとけ（仏のまなざしで一歩下がったところから温かく見守り、心を落ち着かせる魔法）
- ●装備／熱血指示棒、知恵神の兜、コンパスソード
- ●紹介／子供たちに学術や技芸を指導するジョブ。まほう「ねっけつ」は、子供たちに熱い思いを叩きこみ、まほう「ほとけ」は、仏のまなざしで生徒を優しく見守る。親と連携し、道徳を教えるのも重要な仕事だ。

▶ **教師のおしごと**／教師は、小学校、中学校、高校などで、生徒に勉強を教えるのが仕事です。勉強のほかにも、クラス運営や生活指導、健康観察や安全管理、事務作業、保護者への対応など、たくさんの仕事をこなします。教師になるには、教員免許が必要です。短大、大学、大学院の教職課程で学び、免許を取得します。公立なら自治体の教員採用試験を受けて、私立なら各学校の採用試験を受けます。

責任をもたない限りひらめきや叡智は訪れない
大学教授

たゆまぬ努力が大切なのです

- **能力／獲得できる平均報酬**：615000G
  まほう：はっぴょう！（自分が研究した内容を世に広める拡散魔法）、**おしえる**（自分の研究内容や説を生徒やテレビの視聴者などにくわしく教える）
- **装備／**化学反応試験管、知恵帽、教授の白衣
- **紹介／**学問を教え授けることができる「教職」において、最上位クラスの1つ。一般的には博士号というプルーフ（称号）を取得しないとクラスチェンジできないジョブであり、難易度も高い。

▶ **大学教授のおしごと／**大学教授は、大学に所属して専門の分野をもち、学生たちに講義を行ったり、ゼミや研究室を受け持って指導をしたり、研究や論文を書くことが仕事です。通常、国立大学の教授は1コマ90分の講義を週に2〜3コマ、私立大学の教授は6〜10コマ担当しています。大学教授になるには、大学院を卒業して助手として働きます。そして助教、講師、准教授を経験したあとに教授となります。

人は大人になるまでに、さまざまなことを他人から教わります。小学校から大学や専門学校、そのほかピアノや英会話などの習い事教室まで、学校や教室には必ず「先生」と呼ばれる人がいて、学問や技術、資格を取るための勉強などを生徒に教えています。

働く学校によって先生の仕事は異なります。たとえば、「日本語教師」は、語学学校で外国人に日本語の会話などを教えるのが仕事です。日本の習慣を教えたり、

予備校講師

教えるおしごと

日本語教師

留学生の相談に乗ったりもします。
「予備校講師」は、大学合格をめざすための勉強を教えるのが仕事です。学校での成績UPより志望校メインの試験対策をするのが特徴です。

人に何かを教えるということは、自分自身がその学問や技能を身につけていなければなりません。長い期間の勉強や下積みが必要なこともあります。しかし、愛情とやりがいをもって働くことができる素晴らしい仕事といえるでしょう。

我がもとに集え！ いでよ万能細胞！
研究者

「世界初の発見ができるかも!?」

- **能力**／**獲得できる平均報酬：220000G**
  まほう：カルティベイト（手に入れた細胞や組織を人工的に育てる）、**遠心分離**（あらゆるものをふるいにかけて個体と液体を分ける研究特化魔法）
- **装備**／ピペットナイフ、顕微鏡ゴーグル、研究者のフードマント
- **紹介**／「博士号」の称号を取得した研究者。将来、教授や准教授へのクラスチェンジが可能。装備「ピペット」は、少量の液体を吸い取ったり、計量したりと研究には欠かせない魔道具である。

▶ **研究者のおしごと**／研究者は、研究所に勤務して、専門の分野の研究を行います。自然科学や人文科学、社会科学などいろいろな分野があります。研究所では自然現象や社会経済について研究したり、技術や素材の開発を行ったり、化学薬品の試験や鑑定・分析などを行ったりしています。研究結果は論文にまとめ、学会などで発表します。まずは大学院を卒業して研究所に入所し、研究員になることをめざしましょう。

時が来た! バベルの塔を再建するのです!
通訳

言葉で人と人をつなぐの

- **能力／** 獲得できる平均報酬：500000G
  - まほう：ささやきトランスレーション（耳元で相手が言ったことを日本語に変換する言語魔法）、同時トランスレーション（その場で瞬時に日本語で内容を訳す言語魔法）
- **装備／** ヒエログリフ石板、翻訳のスカート、ライティングのペン
- **紹介／** さまざまな言語のスペシャリスト。神の意思によって引き裂かれた言葉を、1つに統一するジョブでもある。通訳により、世界の認識が1つになったとき、バベルの塔が再び建てられるといわれている。

▶ **通訳のおしごと／** 通訳は、言語の異なる人たちが互いに話すことができないときに間に入り、その言葉を翻訳して会話を助けるのが仕事です。通訳には、発言者の言葉の途切れたところでまとめて通訳をする「逐次通訳」と、話し手の言葉を聞くと同時に通訳しながら話す「同時通訳」という方法があります。通訳になるには、外国語大学や海外留学で語学を勉強し、通訳者養成学校で技術を身につけます。

» 隊長と隊員の信頼がなければ炎を鎮めることはできん！
消防士

人を助ける命がけの仕事だぜ！

- ●能力／獲得できる平均報酬：440000G
  まほう：みずのりゅう（火を消す水龍を召喚し勢いを調節する）、バディシステム（隊員たちの結束を一層強固にする団結魔法）
- ●装備／水龍のホース、耐火服、耐火ヘルメット
- ●紹介／日ごろから火災を防止するための広報活動や点検を行うジョブ。火災が発生した際には現場におもむき、火災を最小限に抑える。過酷な火との戦いのため、毎日の体力づくりは欠かせない。

▶ 消防士のおしごと／消防士は、火事が起きたときにかけつけ、消火、救急、救出などを行います。火事だけでなく、事故や災害などで出動することもあります。急病人やけが人に応急処置をして、病院へ運びます。火事を防ぐために建物の点検を行ったり、防火・防災の指導をするのも仕事です。消防士は地方公務員です。高校や大学を卒業後、それぞれの自治体が実施する採用試験に合格して、消防士となります。

海上保安官

バディは家族と同じぐらい大事にしろ！

日本の海はおれが守る

- ●能力／**獲得できる平均報酬：408000G**
  まほう：ディープダイブ（通常の数倍の深さまで潜ることができる）、**ワーニング**（領海を侵した外国船に警告行動を放つ）
- ●装備／**発煙筒、保安庁のウェットスーツ、鍛えられたこぶし**
- ●紹介／別名「海の警察」。海上における人命および財産の保護、法律違反の予防、捜査、および鎮圧を目的とする治安部隊。屈強な男たちが多く集まる。『海猿』で映画化され話題にもなった仕事。

▶ **海上保安官のおしごと**／海上保安官は巡視船や航空機に乗り、日本の海の安全を守るのが仕事です。「海の警察官」とも呼ばれています。業務内容は海の安全を守る「警備救難業務」、海に関する情報を集める「海洋情報業務」、船などの海上交通を管理する「海上交通業務」の3つに大きく分けられます。海上保安官になるには、海上保安大学校、または海上保安学校を卒業して、海上保安庁に入庁します。

》 警察官は悪を倒すヒーローじゃない。ただの公務員です

警察官

正義を愛し、悪を倒す

能力

獲得できる平均報酬：**490000G**

まほう： パトロール（担当エリアの安全を守るガード魔法）
真実のEYE（怪しい人を見抜く力がUPする魔法）

装備	散弾銃	警察官の制服	警察帽
	犯罪者制圧用の至近距離に向いた銃	怪しい人を見分ける能力がUPする警官服	犯罪者を捕まえる能力がUPする警官帽子

紹介　警察法に定められし公安職に属する公務員系ジョブ。治安維持に最高のパフォーマンスを発揮する。クラスチェンジは、巡査、巡査長、巡査部長、警部補、警部、警視、警視正と続き、最上級クラスは「警察庁長官」となる。スキル「職務質問」は絶対不可避の尋問技だ。

● 警察官のおしごと

警察官の仕事は、治安を維持して、個人の生命や身体、財産を守ることです。警察という組織は、国の行政機関として組織全体を調整する「警察庁」と、各地域で発生した事件を担当する「都道府県警察」の2つに分かれています。町の交番や駐在所に勤務しているのは「都道府県警察」の警察官で、ストーカーや少年の非行に取り組む「生活安全」、事件を捜査する「刑事警察」、交通違反を取り締まる「交通」などの部門があります。

> 任務は危険ですが、人を守る素晴らしい仕事なのです

● どうやったらなれるの？

警察庁の警察官になるには、「国家公務員試験」を受けます。キャリア組と呼ばれるエリートは、交番などの現場ではなく、組織の幹部として働きます。一方、「町のお巡りさん」として働く都道府県警察の警察官になるには、高校や大学を卒業後、各警察本部が実施する警察官採用試験を受けます。合格したら、警察学校で研修を受け、警察署に配属されます。

● どこが面白い？　どこが大変？

警察官に必要なのは正義感です。人々の安全を守りたいという思いで働くことが何よりも大事です。何か問題が起きたときに自分の働きによって解決することができれば、かなりの達成感が得られて、人々から感謝されるでしょう。事件や事故の現場で働くことは危険やプレッシャーもあり大変ですが、とてもやりがいがある仕事です。

SPの力は大切なものを守る力!
SP（セキュリティポリス）

私があなたの盾となる！

- ●能力／**獲得できる平均報酬：320000G**
  まほう：スターシフト（総理大臣やVIP要人を星形シフトでガードする）、**ベテランショット**（ベテランクラスの銃撃のうまさで狙ったところははずさない）
- ●装備／**ハンドガン、黒いスーツ、漆黒のサングラス**
- ●紹介／警視庁 警備部警護課に所属。要人警護任務に従事する警察官。各部署からの選抜者によって構成されるエリート部隊。近接保護部隊と先着警護部隊があり、公安警察や所轄警察署との緊密な連携をとる。

▶ **SP（セキュリティポリス）のおしごと**／セキュリティポリスは、内閣総理大臣や衆議院・参議院の議長、またはVIPと呼ばれる国賓や都知事など国にとって重要な人たちを護衛するのが仕事です。今から約40年前、アメリカ大統領の身辺警護をするシークレットサービスに影響されて制度化されたそうです。セキュリティポリスは警視庁に所属する公務員です。警視庁で働く警察官の中から、推薦でセキュリティポリスに任命されます。

日本の確固たる潜在防衛力!
自衛官

「この国には指一本触れさせないぜ」

- ●能力／**獲得できる平均報酬**：370000G
  まほう：**89式**（89式ライフルの射撃制度をUPさせる）、**ヘルプサイン**（災害で困っている人々を見つける救援魔法）
- ●装備／89式小銃、迷彩服、迷彩ヘルメット
- ●紹介／日本が誇る、世界最強クラスの防衛部隊。国土を守る「防衛の要」の陸上自衛隊、海を守る「防衛の第一線」の海上自衛隊、空を守る「防衛の鍵」の航空自衛隊で構成される。

▶ **自衛官のおしごと**／自衛官は、日本の平和と国民の生命や財産を守る官公庁職員です。日本に対する侵略行為を防ぐのがおもな役割ですが、災害救助やテロなど国際的な問題にも出動します。自衛官の中には医師やパイロット、専門をもつ技術職など、さまざまな役職があります。自衛官になるには、防衛大学校に入学して幹部候補生となる道や、中学を卒業して自衛隊高等工科学校を受験する進路もあります。

外交官

遺憾のイの意味はいつまでも図にのるなよの意です

日本と世界の架け橋になりたい

- ●能力／獲得できる平均報酬：420000G
  まほう：インヴァイオラビリティ（拘束や監禁ができなくなる外交官専用魔法）、スーパーネゴシエート（海外の国との交渉を飛躍的に上げる魔法）
- ●装備／絶対不可侵のバリア、官僚の制服、外交官バッジの盾
- ●紹介／諸外国と交渉・条約締結を行う、外務省固有ジョブ。スキル「外交官特権」をもち、「身体不可侵」という絶対的な領域をつくる。別名「最強の盾」。情報攻防戦では、「リグレット（遺憾）砲」を使うことも。

▶ 外交官のおしごと／外交官は、日本を代表して大使館や領事館などで働いています。おもな仕事は、国の代表として意思表明や交渉、条約締結をしたり、派遣されている国やその近隣の国の情報を日本に報告したり、日本とその国の関係を良好にすることなどです。また、日本の情報を広めていくことも仕事です。外交官を目指すならまずは国家公務員採用試験か外務省専門職員試験を受けなければなりません。

確固たる判決は過去から下される！
裁判官

「悪事は必ず裁かれる！」

- ●能力／獲得できる平均報酬：560000G
  - まほう：はんけつ（罪状から刑期を言い渡す罪魔法）、しっこう（下した判決を命じ、それを行う絶対強制魔法）
- ●装備／審判の小づち、ジャッジメントコート、桜吹雪
- ●紹介／司法権直属の完全独立部隊。良心に従い裁判を行う中立公正のジョブ。スキル「金の桜吹雪」は、反論無用の詰み系スキル。上級職の「最高裁判所長官」になるには、天皇陛下からの任命が必要。

▶ **裁判官のおしごと**／裁判官は全国の裁判所で、口頭弁論、証拠の調査などを弁護士と検事が行ったあと、判決を下すのが仕事です。裁判の前に渡される裁判資料をよく読んで、当事者や弁護士、検事、証人の話を聞きます。その際、証拠が認められるのかどうか、法にのっとり判断をします。裁判官になるにはまずは司法試験に合格しなければなりません。さらに司法研修所で1年間研修を受け、上位成績者が採用されるといわれています。

国家の名のもとにお前を裁きにかける！
検察官

裁きにかけて悪をこらしめる！

- ●能力／獲得できる平均報酬：360000G
  まほう：起訴（検察官だけが使える裁判を組み立てる魔法）、論理エモーション（論理的思考ができるようになる魔法）
- ●装備／起訴の横笛、秋霜烈日の羽衣、正義の刀
- ●紹介／三権分立の1つ「行政権」に属す固有ジョブ。国家の名のもと、犯罪者に鉄槌を下す。上級職は「次長検事・検事長・検事総長」。法務省からのクラスチェンジも多い。最大のライバルは弁護士である。

▶ **検察官のおしごと**／警察と協力して事件を捜査し、起訴するかどうかの判断を下すのが検察官の仕事です。起訴とは、裁判所に犯罪事実の内容について審理を求めることです。裁判の立ち会い、証人喚問、証拠提出、罪状証明、求刑などたくさんの仕事があります。検察官になるには法科大学院などで法律を学び、司法試験に合格しなければなりません。その後、司法修習を終え、採用試験を受けて検察官となります。

» 10万冊読んでも人生は変わらなかったけど生き方は変わりました
図書館司書

さあ、本の中を冒険しよう

- ●能力／ **獲得できる平均報酬：220000G**

    まほう：ブックサーチ（すぐさま探している本を見つけることができる）、**ブックリターン**（たくさんの読まれた本を棚に一気に戻すクリア魔法）
- ●装備／ 検索の魔導書、司書のエプロン、カテゴライズ樹形図
- ●紹介／ 別名「本を統べる者」。膨大な数の本を管理しており、希望者に貸し出す。まほう「ブックサーチ」は、探している本を一発で探し当てる、「トレジャー系魔法」の1つ。

▶ **図書館司書のおしごと**／図書館司書は、図書館において、資料の整理、本の管理、受付業務や図書の貸し出しなどを行うのが仕事です。読み聞かせやイベント、おすすめの図書特集などを企画することもあります。また、論文やレポート作成のための資料を探す利用者に対応する、レファレンスサービスを行うのも図書館司書の仕事です。司書講習を受けるか、大学で図書館に関する学問を学ぶと、卒業後に司書の資格を取ることができます。

億単位のクレームから培ったものが今の市政である
市役所職員

「安定している人気職だよ」

- ●能力／獲得できる平均報酬：410000G
  まほう：よびだし（困った人の悩みを順番に聞く魔法）、ゼネラリスト（産業振興、環境、福祉、教育、防災・防犯などすべてに精通する知識を集める魔法）
- ●装備／役所指南全書、市役所セット、窓口受付魔導機
- ●紹介／地域をつくる公務員系ジョブ。産業振興や防災の職務を行う「事務部」、都市計画や工事設計の職務を行う「技術部」などのクラスがある。市政への不満などを一手に引き受けるため、スキル「笑顔対応」は必須。

▶ **市役所職員のおしごと**／市役所職員は、市役所に勤めて、市内に住んでいる人のための業務をするのが仕事です。転出・転入、出生・死亡、結婚・離婚などの書類を窓口で受理したり、税金、健康保険、年金、各種手当などの手続きを行ったり、新規事業を計画して提案したり、自治体を盛り上げる企画を考えたり、部署によっていろいろな仕事があります。各市役所の公務員採用試験を受けて、市役所職員になります。

第4章

士業・医療系の おしごと

看護師から弁護士まで。回復させたり、サポートしたりするのじゃ

装備			
巨大注射器バズーカー 血を確実に採取するスーパー注射器	ピンクの衣 清潔度、抗菌度がUPする天使の白衣	七天使の翼(看護師) 患者の辛さをやわらげさせる翼	

紹介

天使系ジョブ。コードネームは「ホワイトエンジェル」。ナイチンゲールの加護により病気やけがをした患者を癒やす。医者をサポートしつつ、患者に精神面の安定をあたえるため「白衣の天使」とも呼ばれる。天使長である看護師長になるには、相当の経験が必要である。

▶ 看護師のおしごと

看護師は、病院など医療の現場で医師の診察のサポートをして、医師の指示のもとで患者のケアをします。血圧、体温などの測定、注射、点滴といった治療の補助や、着替えや食事の手伝い、ベッドメイキングなど、身のまわりのお世話もします。大学病院や総合病院、個人経営の小さなクリニック、診療所のほか、老人ホームや保健所などで働きます。救急看護、新生児集中ケア、透析、手術など、専門分野をもつ「認定看護師」もいます。

> 気配りをもって働き、患者を安心させるのじゃ

▶ どうやったらなれるの？

看護師になるには、中学校を卒業して高等学校衛生看護科に入学し、准看護師資格を取得する方法もありますが、高校を卒業後、看護専門学校や看護系短大、大学の看護学部を卒業して国家試験を受験するのが一般的です。専門学校と短大は3年、大学は4年間看護について学びます。勉強する範囲も広く、実習もあり大変です。

▶ どこが面白い？　どこが大変？

看護師は患者の命をあずかる仕事なので、ミスは許されません。プレッシャーにさらされる大変な仕事ですが、担当した患者のけがや病気が治って「あなたのおかげで元気になった」と言われると、看護師という仕事をしていてよかったと思えるそうです。立ち仕事も多く時間も不規則でハードな仕事ですが、人助けに魅力を感じて目指す人が多い職業です。

お前の奥底にある思いまでは治すことはできん
眼科医

「目は口ほどにものを言う」

- ●能力／獲得できる平均報酬：900000G
  - まほう：アイズアナライズ（視力を計測する計測魔法）、いやしの目薬（適切な目薬を選びそれを処方して目を治癒する眼科医の特殊回復魔法）
- ●装備／すべてを遮断する遮眼子、すべて見通す目の仮面、白衣マント
- ●紹介／目の治療に特化した医術職。大きな目は、患者の症状を探すのか、それとも己を見つめているのか……。目という小宇宙の魅力にとりつかれている眼科医も多いとか。

▶ **眼科医のおしごと**／眼科医は、眼球や目のまわりの病気の診察や治療をする医者です。目という器官はとても複雑で、角膜、水晶体、網膜、涙器、眼窩、そして視神経などが組み合わさってできています。どこかに異常があると、目が見えなくなったり、さまざまな問題が出てきます。眼科医は病気の症状によって、内服治療やレーザー治療、手術をします。大学の医学部を卒業後、医師免許を取り眼科治療の経験を積んで眼科医となります。

» 奇奇怪怪な現世へようこそ！
産婦人科医

こんにちは赤ちゃん

● 能力／　獲得できる平均報酬：1300000G
　　　　　まほう：赤ちゃん検査（赤ちゃんの健康状態をチェックする魔法）、赤ちゃん管理（新生児が病気になったりしないよう厳重に保護する）
● 装備／　天井オルゴールの杖、コウノトリの仮面、聖なる赤ちゃん
● 紹介／　出産、赤ちゃん、女性に対して総合的にケアする専門医術職業。別名「コウノトリの化身」。最近では女性外来ともいわれる。

▶ **産婦人科医のおしごと**／産婦人科医は、安全な妊娠と出産を手助けし、また女性特有の病気の治療をする専門の医者です。妊娠から分娩（出産）までを手がける産科と、更年期障害や不妊治療、生理不順、感染症などをあつかう婦人科に分かれています。外科手術も多く、病院では帝王切開や子宮がんなどの手術も行います。命をあずかる大変な仕事です。大学の医学部を卒業後、医師免許を取り産婦人科で経験を積み、専門医となります。

喜ばせることを考えてごらん
精神科医

「みんなが幸せに生活できるように」

- ●能力／**獲得できる平均報酬**：940000G
  まほう：**すべてを聞く耳**（患者の悩みを一言ももらさず記憶する魔法）、**かんわ**（うつの患者に特殊な薬を処方してうつを緩和する）
- ●装備／**真実を見るルーペ、ハトの仮面、ホワイトコート**
- ●紹介／「ハトの仮面」を装備した精神専門医 術職。平和を愛し、人の良心を信じる。右手には心の奥底まで見通す虫眼鏡を持っている。

▶ **精神科医のおしごと**／精神科医は、うつ病や統合失調症といった精神の病気や、アルコールや薬物の依存症の患者の診察、治療を行うのが仕事です。心療内科は心が原因で起きた体の不調を診るのに対して、精神科では心の病そのものを治療します。精神科医は症状に応じて薬を処方したり、電気や磁気によって脳に刺激をあたえたり、患者のカウンセリングをしたり、特定の作業をさせたり、さまざまな療法を用いて治療をします。

>> 両親の笑顔は最良の薬だがそれでも治療できないものは私が引き受ける

小児科医

「子供のためのお医者さんだよ」

- **能力** ／ **獲得できる平均報酬**：850000G
  まほう：こころの音（心臓や内臓の音を聞いて病気を見分ける）、**おなかポンポン**（おなかを触り、病気を見分ける）
- **装備** ／ アニマルグローブ、ドッグヘルメット、注射ランス
- **紹介** ／ 子供専門の医術職。どんなに優しくしても顔を見ただけで泣かれるオーラを放つ。動物やパンのヒーローキャラクターの人形を片手に子供をあやし、そのすきに治療をする早業の持ち主。

▶ **小児科医のおしごと** ／ 小児科医は、一般的に新生児から15歳までの子供を診察、治療します。病気やけがだけでなく、乳児健診やワクチンの接種なども行います。大人とは違い、赤ちゃんや子供はなかなか自分で症状を伝えることができません。小児科医は母親からくわしく話を聞いたり、子供の表情やしぐさなどをよく観察して判断をします。小児科は特に診療科が分かれていないので、幅広い知識が必要になります。

左手を上げるときは痛いときだけです
歯科医

「虫歯をやっつけちゃおう！」

- ●能力／ **獲得できる平均報酬**：600000G
  まほう：ホワイトニング（真っ白な歯にするホワイト魔法）、虫歯消滅（魔法のドリルで虫歯を一瞬で消滅させる）
- ●装備／ヤマタノオロチドリル、トゥースフルフェイスメット、ホワイトコート
- ●紹介／歯に特化した医術職。ドリル・麻酔を使い虫歯の治療を行う、別名「削り屋」。また、「ホワイトニング」「歯列矯正」「インプラント」などの美容スキルを取得し歯を美しく見せる治療も可能だ。

▶ **歯科医のおしごと**／歯科医は歯を専門に治療する医師です。歯、歯茎などの口の中、あご（顎）、顔面の下部にかけての病気を診療します。虫歯や入れ歯、矯正、歯周病などの治療があります。一言で虫歯の治療といっても、歯を抜いたり、歯に詰め物をしたり、麻酔注射をしたり、レントゲンを撮ったりと、やることはたくさんあります。歯科医になるには、大学の歯学部を卒業し、国家試験に合格しなければなりません。

食欲にまさる健康はない！
獣医

> ねずみも象も命の重さは同じ

- ●能力／獲得できる平均報酬：460000G
  - まほう：アンチインフェクション（口蹄疫や鳥インフルエンザなどの感染を防止する防御魔法）、パルペーション（小さい動物をゆったり安心させる癒やし魔法）
- ●装備／バルザック、ホワイトコート、名医の剪刀
- ●紹介／ビーストを癒やしたり治療したりする能力をもつ「医師」。ノーズキャッチャー、バルザック、レンズ刀などを駆使し、ビーストたちを治癒させる。

▶ **獣医のおしごと**／獣医は、病気やけがなどをして動物病院へやってくる動物を診察して治療をしたり、動物に関する研究を行う仕事です。ペットや家畜をあつかう獣医もいれば、乳業会社や食肉会社、製薬会社などで研究をする獣医もいます。国の機関で働く獣医は、海外からやってくる動物を検査し、病原菌が国内に入らないように防いでいます。獣医になるには大学の獣医学部を卒業し、国家試験に合格しなければなりません。

恋の病に効果があるお薬は「時間」です
薬剤師

「よく効く薬ほど苦いのよ」

- ●能力／**獲得できる平均報酬**：330000G
  まほう：ちょうざい（医者から指定されたお薬をつくる）、処方箋（お薬の処方箋を調べ薬の効能を最大限に引き出す）
- ●装備／メディスンロッド、処方箋のレシピ、ホワイトローブ
- ●紹介／「街角の白魔道士」。状態異常の患者に、回復薬を供給する薬マスター。「ちょうざい」は、処方箋を駆使する医者との連携魔法である。「漢方薬局」「病院」など、さまざまな場所で活躍する。

▶ **薬剤師のおしごと**／薬剤師は、医薬品の調剤、製剤作業をしたり、服薬の説明をしたり、患者の薬歴の管理などを行うのが仕事です。病院や薬局、診療所などで働いています。最近はスーパーなどでも薬剤師による説明の義務がある薬を販売しているため、働く場所はたくさんあります。また、製薬会社や研究機関で、新薬の開発をしている薬剤師もいます。大学の薬学部を卒業して、国家資格に合格しなければなりません。

機械の力を我に！
介護福祉士

「人を抱えるにはコツがあるのさ」

- **能力**／獲得できる平均報酬：230000G
  まほう：もちあげる（患者を気を付けて持ち上げ運ぶ）、**おふろ**（患者をお風呂に入れてリフレッシュさせる）
- **装備**／パワードグローブ、パワードスーツ、七天使の翼（介護福祉士）
- **紹介**／三大福祉国家資格「三福祉士」の1つ。「身体介護」に特化した力系の福祉部門ジョブ。テクノロジーが発達すると、パワードスーツを装備し、スキル「軽々」を発動させることができる。

▶ **介護福祉士のおしごと**／介護福祉士は、施設や自宅で生活している高齢者の入浴、排泄、食事など身のまわりのお世話をします。施設ではレクリエーションなどの活動をすることもあります。すべての支援をするわけではなく、高齢者ができるだけ自立した生活を送ることができるようにするのが、介護福祉士の役割です。介護福祉士になるには、福祉系の高校や大学、専門学校で学び、国家試験に合格しなければなりません。

弁護士

秩序の神とは私のことだ

「法のもとではみな平等なのだ」

獲得できる平均報酬：730000G

まほう：
異議あり！（検察官との攻防で勝つための弁護魔法）
示談交渉（話し合いによる解決を促す交渉を行う）

装備	**弁護士法の刀** 弁護士の法律が刻まれた伝説の侍 刀	**天秤のマント** 公正という名に従うための天秤が装飾されたマント	**折衝の肩当て** 折衝能力が飛躍的にUPする肩当て

紹介
士業のトップに君臨する。民法や刑法、そのほかの法律に精通し、社会正義の実現を目指す。資格の中でも最高難易度を誇るためジョブチェンジに何年もかかる。まほう「異議あり！」は法廷だけで使える弁護技。

▶ 弁護士のおしごと

弁護士は、さまざまな問題に取り組み、依頼人の人権を守る法律の専門家です。民事では離婚訴訟やご近所トラブル、借金問題などに対して、法律相談に乗ったり、示談交渉をしたり、法廷手続きなどを行います。また、特許トラブルや労働争議など企業間の問題を担当することもあります。刑事訴訟では起訴された被告人のために利益になる証拠を示し、不利になる証拠には反論するなど弁護をして、検事と論争をします。

> 人権を守り、社会正義のために働くのです

▶ どうやったらなれるの？

弁護士になるには、司法試験に合格しなければなりません。法科大学院を卒業して法務博士号を取得するか、一般の学校を卒業して予備試験に合格することで、司法試験の受験資格が得られます。司法試験はとてもむずかしい試験です。司法試験に合格したら、司法研修所で修習を受けます。修了試験に合格すると、弁護士として活動ができます。

▶ どこが面白い？　どこが大変？

弁護士の仕事の面白さは、苦労を乗り越えて事件を解決すると感じることができるといいます。法律にはいろいろな種類があり、解釈もさまざまです。過去の判例を調べたり、事実を確認したりするのには時間がかかり、とても大変です。しかし、無事に解決することができれば、依頼者を救うことができるので、やりがいのある仕事です。

公認会計士

限りなく透明に近い監査を行わない限り未来はない！

「1円のミスも見のがさない！」

- ●**能力**／ **獲得できる平均報酬**：550000G
  まほう：インスペクション（財務諸表をチェックするスピードがUPする）、**コンサルティング**（財務諸表を見ながら企業の今後を占う）
- ●**装備**／ 公認会計士法の刀、国税徴収法の黒具足、会計士の盾
- ●**紹介**／ 財務・会計業務にすぐれた能力を発揮する士業の1つ。最高クラスの資格難易度を誇り、経営戦略のコンサルティング業務も可能。スキル「会計監査」は企業の会計不正を起こさせないために監視をする。

▶ **公認会計士のおしごと**／ 大企業は、法律にのっとった経営をしているかをチェックするため、公認会計士による「監査」を受けることが義務づけられています。公認会計士は、それぞれの会社がつくった経営や会計に関する書類を公正な立場から監査し、正しいかどうかを証明するのが仕事です。また、会社の会計や経営の相談に乗ることもあります。公認会計士になるには、とても難しい国家試験に合格しなければなりません。

※財務諸表とは関係者に企業の業績や経営状況を見せるための書類のことです

真実を証明するなら紙で残しなさい！
行政書士

「街の法律家」とはボクのこと

- ●能力／**獲得できる平均報酬**：332000G
  まほう：テンプレート（書類を作成するスピードが大幅にUP）、エージェントチェンジ（手続きや申請の代理人になるための魔法）
- ●装備／行政法の弓、民法の矢、商法の矢筒
- ●紹介／十侍の1人。法律書類のスペシャリスト。行政書士法という武器を持ち、官庁に提出する書類の作成を生業とする。1万種類を超えるといわれる法律書類の作成を独占業務としている。別名「街の法律家」。

▶ **行政書士のおしごと**／行政書士は、役所などへ提出する書類や申請書を依頼者の代わりに書いたり、提出の手続きをしたりするのが仕事です。遺言書や契約書などの作成や管理をする業務もあります。たくさんの種類の法律書類があるため、仕事の幅も広いです。行政書士になるには、国家試験に合格しなければなりません。年齢や学歴は問われません。専門学校に通う人もいますが、独学で勉強する人もいます。

金をバカにする者は、金に笑われる
税理士

「計算がとっても得意な仕事だよ」

- ●能力／獲得できる平均報酬：550000G
  まほう：税理士のおつげ（税理士の特殊能力で税務署に税金の申告をスムーズに行う）、スピード計算（脳の回転が2倍になり計算が速くなる）
- ●装備／所得税法全書、金色の兜鉢、税理士記章の胴
- ●紹介／税金の知識に特化した侍。「税法」を武器に、経営者側への最適なアドバイスを行う。税理士の記章の外円は日本の「日」を示し、紋様は日本の国花「桜」である。十侍の1人。

▶ **税理士のおしごと**／税理士は、依頼者の税金に関する悩みを解決するのが仕事です。税務署や税理士事務所で働いています。依頼者の代わりに税金の申告をしたり、税務署に提出する書類を作成したり、税金に関する相談に乗ったりします。これらの仕事は税理士にしかできない独占業務です。税理士になるには国家資格を得なければなりません。学歴や資格、職歴などによって試験が免除になることもあります。

やる価値があるものは今すぐやらなければいけない
一級建築士

どんな建物でも設計できるよ

- ●能力／獲得できる平均報酬：420000G
  まほう：ブループリント（建物の設計図をより精密に描くことができる）、一級の力（広さ500平方メートル以上の大型建築物をつくるための設計魔法）
- ●装備／均等ディバイダーの槍、高虎の兜、高虎の甲冑
- ●紹介／建築の基礎となる設計図をつくる能力をもつ士業の１つ。「一級」の称号をもつ建築士は高層ビルや複雑な建物を設計可能だ。均等ディバイダーの槍を持ち、正確にすべてを計測する。別名「築城侍」。

▶ 一級建築士のおしごと／住宅やオフィス、大型の公共施設など、さまざまな建築物を企画して、設計と工事の監督まで行うのが一級建築士です。一級建築士は、大型の建築物の設計をすることができます。依頼を受けて、建物の目的や規模、デザイン、構造、予算や工事期間などについて調査や打ち合わせを行い、建築物を設計します。大学の土木学科や建築学科で専門知識を学び、実際に働いて経験を積んでから、資格を取得します。

ひまわりよ！ 私たちに天の知らせを教えたまえ！
気象予報士

「雨にも負けず風にも負けず」

- ●能力／獲得できる平均報酬：330000G
  - まほう：よげん（天気の予報データを伝える魔法）、ひまわりデータ（さまざまな気象データを正確に読み取り予報する）
- ●装備／天変撥、天変太鼓、天女の羽衣
- ●紹介／気象庁直属の侍系ジョブ。属性は「天候」。兵器「ひまわり」を使い、宇宙からの情報をもとに天気を予知。固有クラス「お天気お姉さん」は、気象予報士の国家資格がなくてもクラスチェンジ可能。

▶ **気象予報士のおしごと**／気象予報士の仕事は、アメダスや気象衛星、気象レーダーなどから得られた観測データを分析して、気象を予報することです。天気予報をつくったり、交通機関に天候情報を伝えたりします。間違った予報を出してしまうと、けが人が出たりすることもあるので、責任は重大です。気象庁や気象会社、テレビ局などで活躍しています。気象予報士になるには、国家資格に合格しなければなりません。

第5章

スポーツ・その他の おしごと

パイロットから大工まで。かっこいいおしごとはまだまだあるぞい!

結果を残せ。さすればプロセスは自ずとつくられる
プロ野球選手

勝負の世界で生きていく！

能力
獲得できる平均報酬：13950000G
まほう： いなばジャンプ（大地を揺らす声援で打力を上げる魔法）
　　　　 とるねーど（ボールに超回転を発生させる投球魔法）

装備

 侍のバット
一刀流の名人が鍛えたバット。ヒット率がUP

日本代表のユニフォーム
日本を代表するという魂がこもるユニフォーム

 気合いハチマキ
絶対に負けられないときに力が上昇するハチマキ

紹介

ボールとバットの武器を手にした戦士。守備と攻撃に分かれて戦う。「ルーキー」からスタートし、成績を上げると「盗塁王」「打撃王」などの称号が得られる。パワー、選球眼、走力、肩の力、守備力などの圧倒的な能力をもつ者は「怪物」と呼ばれ恐れられることも。

● プロ野球選手のおしごと

プロ野球選手の仕事は、チームを勝たせることです。どのポジションの選手であっても、チームを勝利にみちびくのが仕事です。日本のプロ野球には、セ・リーグとパ・リーグ、全12球団があります。そのほかにも、全国に独立リーグがあります。プロ野球のシーズンは2月〜11月です。春にはキャンプ（春季練習）で練習に打ちこみ、オープン戦で戦い、3月下旬からは公式戦が開幕します。オフシーズンでもトレーニングは欠かせません。

> コツコツ努力し、スタメンを目指すのじゃ！

● どうやったらなれるの？

プロ野球選手になるには、ドラフト会議で指名されるのがもっともメジャーな方法です。高校の野球部のレギュラーとして甲子園で活躍をしたり、大学野球の大会で注目をされると、優秀な選手を探している球団のスカウトマンに目をつけられて、ドラフト会議で指名されます。また、各球団のプロテストを受ける方法もあります。

● どこが面白い？　どこが大変？

プロ野球選手の面白いところは、好きな野球で誰かを楽しませることができるという点です。プロとしてプレーできるだけでも面白いことですが、チームの応援団やファンに応援してもらえるのはとても大きなやりがいです。100％の力が発揮できるように、常に体調を整えなければならないのは大変ですが、試合の勝負の楽しさはそれにも勝ります。

» 背番号の重圧に耐えられるかどうかの違いがプロとアマの差です
プロサッカー選手

目指せ！サッカー日本代表

- ●能力／**獲得できる平均報酬**：1750000G
  まほう：ジェットシュート（ジェット噴射でシュート力を大幅にUPさせる）、**エンジェルパス**（天使の羽根が浮かびあがり敵の背後を射抜くキラーパス魔法）
- ●装備／炎のサッカーボール、ブースターユニフォーム、ウイングシューズ
- ●紹介／華麗な足さばきでボールをゴールに運ぶ、フィールドの魔術師。「ボールはともだち」は昔からサッカー少年たちに伝わる呪文。イエローとレッドのカードにより、力を奪われる。

▶ **プロサッカー選手のおしごと**／プロサッカー選手の仕事は、クラブと契約し、プレイヤーとして勝利に貢献することです。Jリーグの選手になるには、16歳以上でなければなりません。JリーグにはJ1、J2、J3があります。リーグ戦で成績を残せないと、下位のリーグに降格することになります。プロサッカー選手になるには、スカウトされるか、入団テストを受けるか、各クラブのジュニアやユースから昇格する方法があります。

プロゴルファー

地球に逆らわなければあなたの軸を手に入れられるよ

運と実力が必要な仕事なんだ

- ●能力／獲得できる平均報酬：2040000G
  まほう：**ドラコン**（ドライバーでボールを遠くまでかっ飛ばす）、**バンカーショット**（砂しぶきでボールをグリーンに乗せる）
- ●装備／樹齢1000年の木でつくったゴルフクラブ、光のゴルフボール、スーパーサンバイザー
- ●紹介／「バンカーショット」「アプローチショット」など多くのスキルをもち、10以上の武器を使い分ける。オーガスタに住む魔女を討伐した者には、最高の称号「グリーン・ジャケット」が贈られる。

▶ **プロゴルファーのおしごと**／プロゴルファーには、試合に出場して賞金を獲得するトーナメントプレーヤー（ツアープロ）と、ゴルフ練習場などでゴルフを指導するティーチングプロの2種類があり、両方を兼ねている人もいます。日本だけでなく、世界を舞台に活躍しているプロゴルファーもたくさんいます。日本でトーナメントプレーヤーになるには、プロテストに合格しなければなりません。ティーチングプロにも認定試験があります。

世界最強の格闘技は何なんだろう
力士

たくさん食べて強くなろう

- **能力／獲得できる平均報酬**：1490000G
  まほう：雲竜型（雲竜の力を力士に宿すパワーアップ魔法）、**高速張り手**（つぎつぎと張り手を繰り出し相手を吹っ飛ばす）
- **装備／極太の腕、鍛えられた体、横綱のまわし**
- **紹介／**日本固有の宗教である神道にもとづき神に奉納される神事。しかし近年は世界最強の格闘技ともいわれている。動画投稿サイトでは波動砲を撃ったり地球を破壊する姿が見られる。

▶ **力士のおしごと／**力士は、土俵の上で取り組みを行う、日本古来の国技「相撲」をする選手です。相撲部屋に所属し、場所による勝ち星を重ねて、階級（番付）を上げていく競技です。番付が「十両」以上に上がると「関取」と呼ばれます。本場所にそなえて稽古にはげみ、地方や海外の巡業に参加することもあります。力士になるには日本相撲協会が行う新弟子検査に合格しなければなりません。年齢のほか、身長と体重など条件があります。

会社に勤めている人のことを、一般的にサラリーマンと呼びます。会社の規模が大きくなればなるほど、効率よく仕事をするために細かく「部」や「課」に分かれて業務を分担することになります。それぞれの部署にはその道のプロフェッショナルがいて、会社の経営を支えています。たとえば「営業」は、自分の会社の商品やサービスを売りこむのが仕事です。仕事の成果が売上という数字に直結するので、とてもやりがいがあります。バリバ

営業職

サラリーマンのおしごと

経理職

リ働きたい人に向いている職種です。
「経理」は、会社の運営にかかわるお金を記録して管理するのが仕事です。計算が得意な人に向いています。
企業に就職するというのは、毎月決まったお給料をもらえるので、安定した生活を送ることができます。その反面、会社のルールには従わなければならず、窮屈に感じる人もいるかもしれません。自分の性格をよく知り将来の目標を見極めて、働き方を選ぶのがよいでしょう。

天才は継続できる力が人より高いんです
プロ棋士

いつか神の一手を指す！

能力
獲得できる平均報酬：**3340000G**
まほう： 竜王の力（竜王から戦略をさずかり戦局を有利にする祈り魔法）
　　　　 扇子をあおぐ（冷静に考えるための平静魔法）

装備

 魂の将棋駒
職人の魂が込められた将棋の駒。集中力がUP

 竜王の紋付き袴
竜王戦で勝利した伝説の名人の袴

将棋盤
樹齢500年のカヤからつくられし聖なる将棋盤

紹介

軍略遊戯「将棋」での対局を行うジョブ。相手の心理を読み取る能力や、1000手先まで読む予知能力をもつ。丘からすべてを見通す軍師の姿から「盤上の策謀家」と呼ばれる。軍師の中でも特にすぐれた者は、「竜王」「棋聖」の名声を手に入れることが可能だ。

▶ プロ棋士のおしごと

プロ棋士は日本将棋連盟に所属し、リーグ戦で対局を行い、名人を目指します。プロ棋士は、対局料や賞金が収入となります。リーグ戦のほかにも、各タイトル戦（棋戦）やトーナメント戦などで対局を行います。年間、多くて70局ほどの対局があります。対局のない日は、将棋の研究をしたり、アマチュア向けに指導対局をしたり、タイトル戦などで解説をしたりしています。中学生から高齢の人まで、プロ棋士として活躍しています。

中学生でプロになるのは超難関。まさに神童です

▶ どうやったらなれるの？

将棋の愛好家は国内に約600万人いますが、プロ棋士は約160人しかいません。プロ棋士になるためには奨励会に入会するのが普通です。奨励会とは、全国から将棋の天才と呼ばれる青少年が集まり、切磋琢磨しながらプロを目指す、プロ棋士養成組織です。四段以上のプロ棋士からの推薦や、大会での実績が必要ですが、とても狭き門です。

▶ どこが面白い？　どこが大変？

プロ棋士は、子供の頃から将棋一筋で、プロを目指して努力してきた人たちです。才能を生かして、好きな将棋を自分の仕事にすることができるというのは、何ものにも代えがたい魅力でしょう。また、将棋の世界に年齢や学歴は関係なく、実力の世界です。若い才能が入ってくればベテランでも負けないように気を引き締めなければならず、常に鍛錬が必要です。

自由というのは不自由である!
パイロット

空から世界を見下ろしてみよう

- ●能力／獲得できる平均報酬：1240000G
  - まほう：ブリーフィング（みんなを集め目的に向かい熱量を上げる情熱魔法）、ランゲージアーツ（運航で支障が出ないよう常に副操縦士と意思疎通をはかるコミュニケーション魔法）
- ●装備／パルスジェットグローブ、機長の制服、ジャンボの翼
- ●紹介／浮遊兵器「飛行機」を乗りこなす操縦系ジョブ。不測の事態にそなえる冷静な判断力と行動力が必要とされる。クラスチェンジは「自家用操縦士」「旅客機パイロット」「航空自衛隊」など。

▶ **パイロットのおしごと**／人や貨物を乗せた航空機を操縦するのがパイロットです。大型旅客機の場合、機長と副操縦士が協力して操縦を行います。機長は飛行についての全責任を負い、ほかの乗務員の指揮監督もします。乗客の命をあずかっているので、ハイジャックや機器のトラブルが起きても、落ち着いて対処できる冷静さと判断力が必要になります。パイロットになるには、免許が必要で、取得は難しく、お金もかかります。

本当の人生のレールに今乗るのです!
電車車掌

まもなく電車が参りま〜す

- ●能力／**獲得できる平均報酬**：340000G
  まほう：笛のねいろ（電車をホームへ誘う召喚魔法）、**ゆびさし**（さされたラインから絶対不可侵の領域がつくられるエリア魔法）
- ●装備／車掌のマイク、電車召喚の円陣、車掌の制服
- ●紹介／乗客や荷物の流れを整理したり、安全を確保する「安全魔道士」。宝具「車掌の笛」で、ホームにあるモノ・ヒト・列車のすべてを統率。ベテランの「車内アナウンス」は乗客を和ませることも。

▶ **電車車掌のおしごと**／電車車掌の仕事は、運転士とともに、乗客が安全に時間通り目的地に着けるよう、列車の運行を管理して案内業務などを行うことです。ホームのドアを開け閉めしたり、信号を確認して発車の合図を出したり、車内アナウンスを流したりします。電車車掌になるには、まずは鉄道会社に入社します。窓口業務など駅の中でサービスをする仕事を数年経験したあとで、社内の研修や試験を受けて車掌になります。

» 叩いて、切って、くっつける。これだけで家はできるんです
大工

地震にも負けない家をつくるぜ！

●能力／獲得できる平均報酬：340000G
　まほう：とんかち（家の強度を上げるたたき魔法）、つるつる（木材の表面をつるつるに精製してアイテムの材料をつくる加工魔法）
●装備／棟梁の巨大木づち、棟梁のノミ、棟梁の服
●紹介／建築物の骨組みをつくる忍者。サシガネ・スミツボ・カンナ・ノミ・ノコギリ・ゲンノウ・チョウナという「大工七つ道具」を駆使し、家を建てる。修行を積むと「棟梁」の称号が得られる。

▶ **大工のおしごと**／大工は、おもに木造の建物を新しく建てたり、増築したり、リフォームしたりする職人です。外壁や屋根、床などを支える骨組みや下地をつくります。ノコギリ、カンナ、ノミなど昔ながらの道具も使いますが、最近ではコンピューターで描いた設計図面を使うこともあります。大工になるには、建設会社や工務店に就職する方法と、親方と呼ばれる大工の棟梁に弟子入りして修業する方法があります。

三神をむすびしもの。それがおむすびである!
コメ農家

「おいしいごはん おかわり!」

- **能力／獲得できる平均報酬**：410000G

  まほう：**コンバイン**（稲をさくさくかりとる）、**もみすり**（もみを乾燥させ、もみがらを落として玄米を精製する）

- **装備／**稲穂の剣、天孫降臨のツタ、米粒の勾玉

- **紹介／**ニニギノミコトの末裔であり、回復系アイテム「お米」を精製するジョブ。米は神聖な食物「五穀」の1つでもあり、お米以外にも粟、小豆、麦、大豆などが存在する。

▶ **コメ農家のおしごと／**日本人の食の基本である、米を栽培、生産するのがコメ農家の仕事です。米には水田で栽培する「水稲」と、畑で栽培する「陸稲」があります。日本では水稲が主流であり、生産には広い農地と水が欠かせません。全国で米がつくられていますが、特に盛んなのは雪どけ水が得られる寒い地域です。田植えや収穫のほかにも、土づくりや水の管理、除草、虫の防除など、やることはたくさんあります。

海を恐れることは、海を知るということです
マグロ漁師

「海の男になりたいか?」

- **●能力／獲得できる平均報酬：430000G**
  まほう：マグロマッスル（巨大なマグロを釣るために腕の力を大幅にUPさせる）、**深海サーチ**（マグロがいそうな海域を見つける）
- **●装備／**獲物、一本釣り刀、亀センサー、藁の腰巻
- **●紹介／**マグロテイマー。スキル「一本釣り」で、巨大なマグロを釣る。ブルーオーシャン大間に生息するマグロは数千万円の値が付くことも。一攫千金ジョブの1つともいわれている。

▶ **マグロ漁師のおしごと／**マグロ漁師の仕事は、マグロ漁船に乗ってマグロを捕まえることです。マグロ漁の多くは遠洋漁業になるので、世界の海に向けてマグロ漁船で出発します。遠洋マグロ漁船の乗組員は、総勢20人～25人です。1年以上の漁となることもあります。網引きでとるはえなわ漁と、釣りざおで1匹ずつ釣る一本釣りが有名です。マグロ漁師は、健康で体力がなければつとまりません。

豚肉は餌と愛情というスパイスを入れるとさらにおいしい
養豚家

愛情かけて
おいしく育てる

- ●能力／獲得できる平均報酬：700000G
  - まほう：**スモーク**（豚肉をベーコンへとクラスチェンジさせる精製魔法）、**まぜあわせ**（豚さんが健康に育つ栄養満点の餌をつくる）
- ●装備／草薙の鍬、相棒の豚、豚鼻マスク
- ●紹介／「豚使い」。おもに食用豚を育てるジョブ。上級職になると「スモークマスター」と呼ばれ、ベーコンをつくることが可能。スキル「サクラの木チップとイベリコ」は最高峰のスモーク技。

▶ **養豚家のおしごと**／養豚家は食用の豚を育て、出荷する畜産農家です。都心部から離れた地方の農家や専門の敷地で豚を飼育し、約2年かけて4〜6回子豚を産ませ、6カ月が経過すると食用豚として出荷をします。豚舎の掃除や、豚の餌やり、運動をさせたり出産を手伝ったり、やることはたくさんあります。養豚家になるには体力と根気が必要で、安定しておいしい豚肉を生産するには経験やノウハウも重要です。

人の最高のパートナーは犬だ!
ドッグトレーナー

「ワンちゃんの気持ちわかります」

- ●能力/ **獲得できる平均報酬：218000G**

  まほう：ドッグセラピー（ワンちゃんの問題行動を見つける分析魔法）、**飼い主教育**（ワンちゃんへの教育と同時に飼い主にもワンちゃんへの接し方をレクチャーする教育魔法）

- ●装備/ 友好の骨ガム、極厚のパピースリーブ、神犬（ケルベロスなど）
- ●紹介/ テイマー系職業の1つ「犬使い」。愛を叩きこむスキル「マンツーマン」でマナーを教える。ワンちゃんとの絆づくりも得意。絆ができたワンちゃんは神犬としてかわいがられ、癒やし効果を発揮する。

> ▶ **ドッグトレーナーのおしごと**／ドッグトレーナーの仕事は、家庭で飼われている犬のしつけや世話を請け負うことです。警察犬や盲導犬などの職業犬を訓練する仕事とは別と考えられており、ドッグトレーナー＝家庭犬訓練士といわれることもあります。ドッグトレーナーはむだ吠えをしたり人を噛んだりしないように犬をしつけます。ドッグトレーナーになるために必須の資格はありませんが、養成学校や民間資格があります。

編集　　　　　九内俊彦（宝島社）、阿草祐己（バンブルマン）、荻田美加
ブックデザイン　池上幸一
DTP　　　　　株式会社ユニオンワークス

【著者】
給料BANK（きゅうりょうバンク）

2014年6月にオープンした情報ポータルサイト。さまざまな職業の給料や仕事内容、就労方法など、職業にまつわる情報をRPG風イラストとともに紹介している。著書『日本の給料＆職業図鑑』『日本の給料＆職業図鑑Plus』『女子の給料＆職業図鑑』『日本の給料＆職業図鑑 業界別ビジネスマンSpecial』（すべて宝島社）が大好評発売中。
https://kyuryobank.com

【イラストレーター】
いとうみつる

広告デザイナーをへて、イラストレーターに転身。ほのぼのとした雰囲気のなか、"ゆるくコミカル"な感覚のキャラクター作品を得意とする。広告や雑誌などのイラストを多く手がけて活躍中。イラストを手がけた著書は『たべることがめちゃくちゃ楽しくなる！ 栄養素キャラクター図鑑』（日本図書センター）、『よくわかる元素キャラ図鑑 地球の材料を知ろう！』（宝島社）ほか多数。

こどもおしごと
キャラクター図鑑

2017年12月20日 第1刷発行

著 者　　給料BANK

イラスト　　いとうみつる

発行人　　蓮見清一

発行所　　株式会社宝島社
　　　　　〒102-8388
　　　　　東京都千代田区一番町25番地
　　　　　電話　営業 03-3234-4621
　　　　　　　　編集 03-3239-0928
　　　　　http://tkj.jp

印刷・製本　　サンケイ総合印刷株式会社

本書の無断転載・複製・放送を禁じます。
乱丁・落丁本はお取り替えいたします。

©Kyuryo BANK 2017 Printed in Japan
ISBN 978-4-8002-7688-9